Ulrike Gerold/Wolfram Hänel

Das will ich wissen
Vulkane und Erdbeben

Fudschijama

Ulrike Gerold und Wolfram Hänel
wurden beide 1956 geboren, haben beide Germanistik studiert
und später viele Jahre lang im Theater gearbeitet.
Heute leben sie mit ihrer Tochter und ihrem Border-Collie
meistens in Hannover und manchmal in Kilnarovanagh,
einem kleinen Dorf in Irland, und schreiben
Kinderbücher, Theaterstücke und Reiseberichte.

Milada Krautmann
hat ihre künstlerische Ausbildung an der Kunstgewerbehochschule in Prag
sowie in Brüssel und Paris erhalten. Sie arbeitet in den verschiedensten
Techniken. Der größte Anteil ihrer Illustrationen ist Naturthemen gewidmet. Sie
ist für zahlreiche Verlage tätig, vorwiegend im Kinder und Jugendbuchbereich.
In der Reihe »Das will ich wissen« illustrierte sie bereits die Bände
»Katzen«, »Wale und Delfine«, »Sterne und Planeten«
und »Haie und Raubfische«.

Ulrike Gerold/Wolfram Hänel

Das will ich wissen

Vulkane
und Erdbeben

Mit Bildern
von Milada Krautmann

In neuer Rechtschreibung

1. Auflage 2001
2001 Arena Verlag GmbH, Würzburg
Alle Rechte vorbehalten
Einband und Illustrationen: Milada Krautmann
Gesamtherstellung: Westermann Druck Zwickau GmbH
ISBN 3-401-05193-8

Inhalt

Urlaub am anderen Ende der Welt

Heute ist der erste Schultag nach den Sommerferien. Und gerade ist große Pause.
„Wir waren in den Ferien im Disney-Land bei Paris", erzählt Fabian, „voll irre!"
„Und wir waren in London!", ruft Robert. „Bei Madame Tussaud's. Echt cool!"
„Und ihr?", fragt Fabian und boxt Janis in die Seite. „Wart ihr auch irgendwo?"
„Wir haben meinen Onkel besucht", sagt Janis. „War auch ganz gut."
„Klingt aber ziemlich langweilig", meint Robert.
„Oooch", sagt Janis, „wir sind nur so mit dem

Auto rumgefahren. Und einmal haben wir uns
einen Vulkan angeguckt…"

„Du spinnst!", erklärt Robert. „Hier gibt's doch
gar keine Vulkane!"

Janis zuckt mit den Schultern. „Mein Onkel
wohnt ja auch in Neuseeland", sagt er.

„Echt?", schreit Fabian. „Ist ja irre! Ihr wart echt
in Neuseeland?"

„Sag ich doch", sagt Janis. „Und einmal sind wir
da so mit dem Auto langgefahren und dann
haben wir plötzlich einen Berg gesehen, aus
dem oben Rauch rauskam."

„Wahrscheinlich ein Grillplatz", sagt Robert.

„Quatsch", unterbricht ihn Fabian, „das war
doch der Vulkan!"

„Genau", nickt Janis. „Mein Onkel hat gesagt,
manchmal würde er sogar Steinbrocken
ausspucken!"

„Haha", macht Fabian, „wie soll das denn gehen?"

„Weiß ich auch nicht", sagt Janis, „aber das war ja noch gar nicht alles…"

„Wieso", will Robert wissen, „was denn sonst noch?"

„Überall um uns rum kam so weißer Dampf aus dem Boden. Und außerdem hat es die ganze Zeit über gezischt. So als wäre irgendwo ein Heizungsrohr geplatzt!"

„Fußbodenheizung", erklärt Robert und nickt,
„haben wir zu Hause auch."
Aber Janis erzählt schon weiter. Dass sein
Onkel sie plötzlich gefragt hat, ob sie vielleicht
baden wollten. Aber dass es weit und breit kein
Schwimmbad gab. Und auch keinen See.
Weshalb Janis schon gedacht hat, sein Onkel
hätte vielleicht nur einen dummen Witz
gemacht.

Bis sie dann über ein paar Felsen
hochgeklettert sind...
„Und als wir oben waren", erzählt Janis, „war
da so ein kleiner Tümpel zwischen den Felsen.
Mit Wasser drin. Und das Wasser hat total
gebrodelt und war kochend heiß. In einem
anderen Felsloch war das Wasser nicht mehr
ganz so heiß. Und da haben wir dann alle
gebadet. Mitten zwischen den Felsen, als ob
wir zu Hause in der Badewanne liegen würden!"
„Wahnsinn!", sagt Fabian.
Robert sagt gar nichts mehr. Auch nicht, als
Janis erzählt, wie sein Onkel später einen Topf
mit Kartoffeln aus dem Auto geholt hat. Und
wie sie den Topf dann einfach in ein Felsloch
mit heißem Wasser gestellt haben und die
Kartoffeln schon zehn Minuten später fertig
gekocht waren.

„Nur zehn Minuten?", fragt Fabian. „Ist ja irre!"

„Aber zum Schluss war es dann nicht mehr so witzig", sagt Janis. „Weil der Boden unter mir plötzlich ganz weich war. Und dann bin ich eingebrochen. Echt! Mein linker Fuß und der Turnschuh und alles steckten in so einem Loch, aus dem stinkender, gelber Qualm kam!"

„Du lügst", ruft Fabian, „das gibt es doch gar nicht!"

Aber zum Beweis zeigt Janis nur auf seine Turnschuhe. Und tatsächlich! Rechts hat er seinen alten Turnschuh an und links einen funkelnagelneuen...

„Irre!", sagt Fabian. „Wahnsinn!"

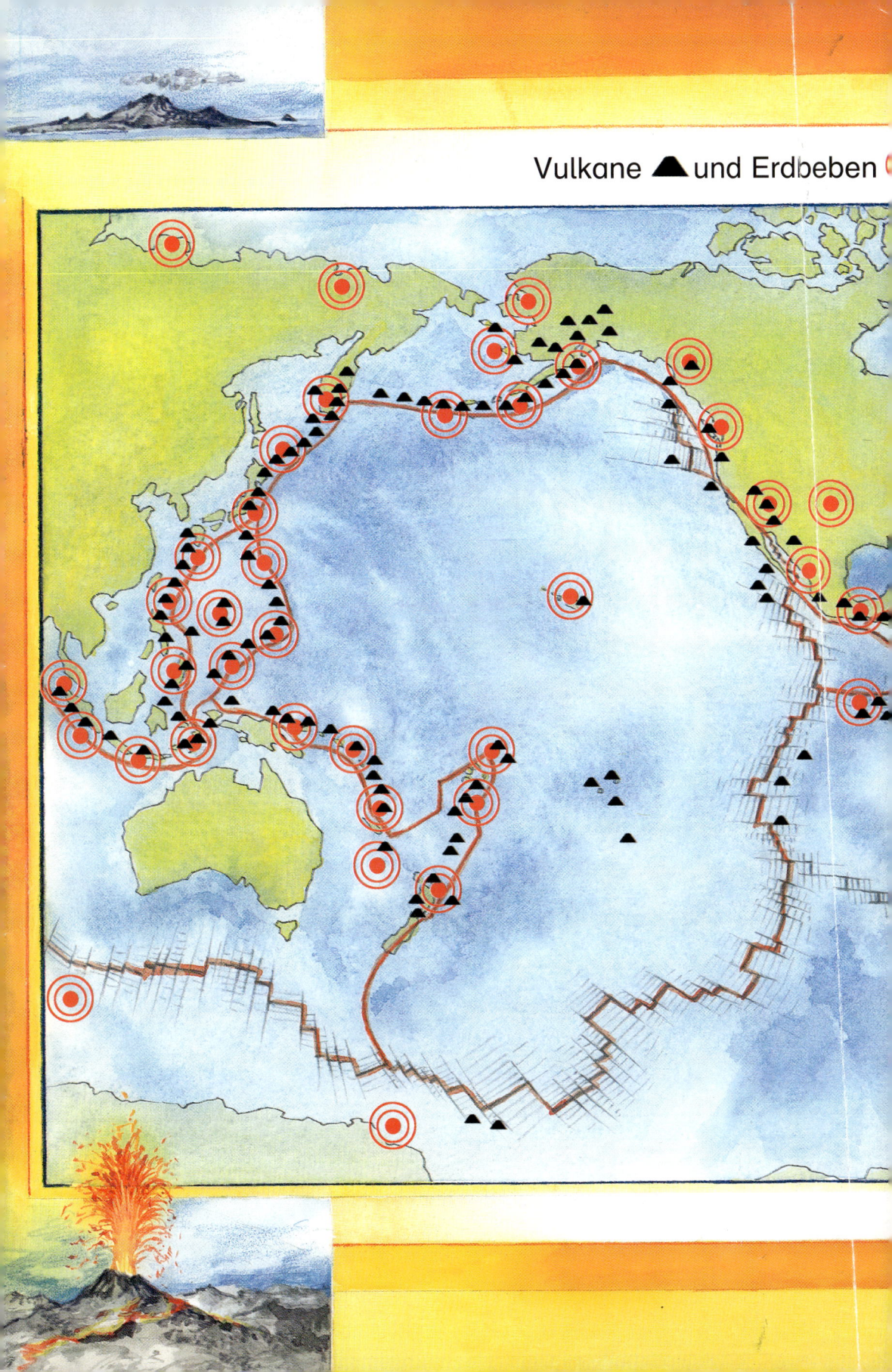

Vielfalt der Vulkane – Eine Fantasielandsch

1. Vulkanausbruch
2. Vulkanausbruch mit Aschewolke
3. ruhender Vulkan
4. ruhender Vulkan mit brodelndem Schlamm
5. toter Vulkan
6. Maar
7. Spaltenvulkan (Ausbruch)
8. aktive Vulkaninseln
9. Geysir
10. Fumarole
11. Schlot von abgetragenem Vulkan
12. unterirdischer Lavafluss
13. oberirdischer Lavafluss

Dann klingelt es und die Pause ist zu Ende.
Aber als sie kurz vorm Klassenzimmer sind,
hält Fabian Robert am Arm fest:
„Sag mal, hast du irgendeine Ahnung, wo
dieses Neuseeland eigentlich ist?", fragt er.
„Ich weiß nicht", antwortet Robert, „irgendwo
am anderen Ende der Welt, glaube ich."
„Irre!", sagt Fabian, „da fahr ich nächstes Jahr
auch hin."

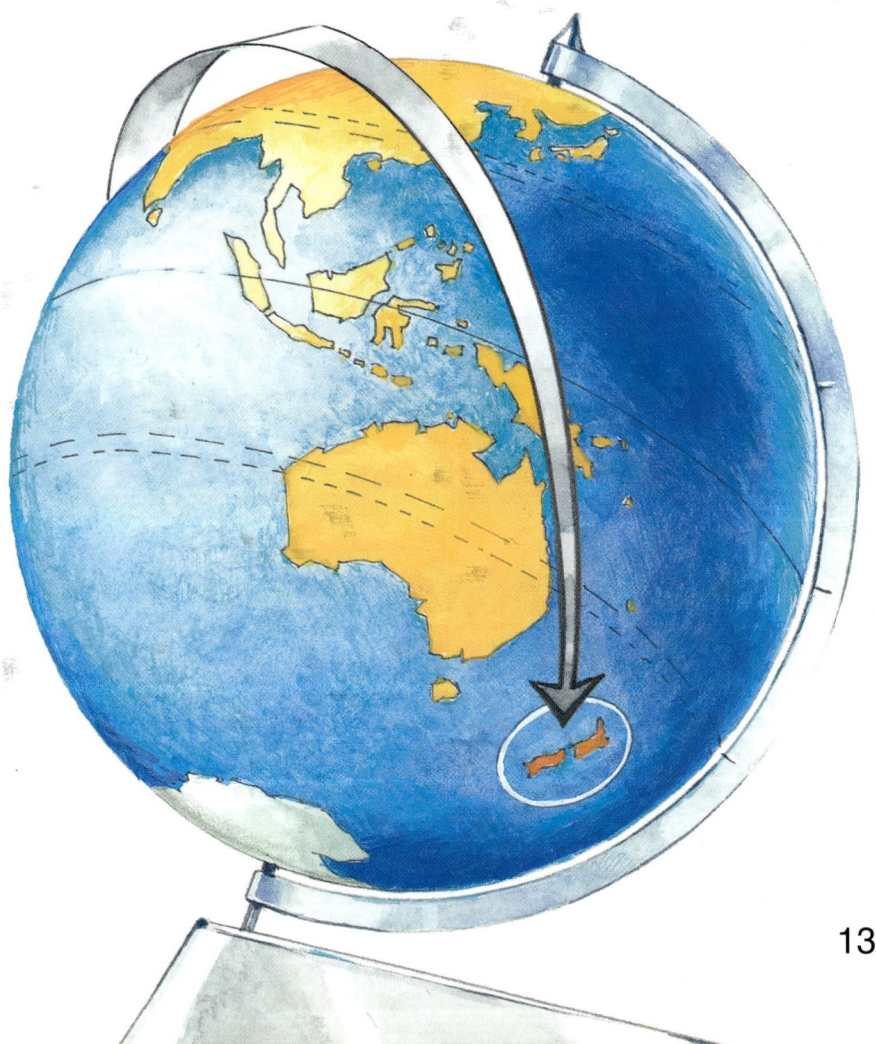

gibt es überall auf der Welt

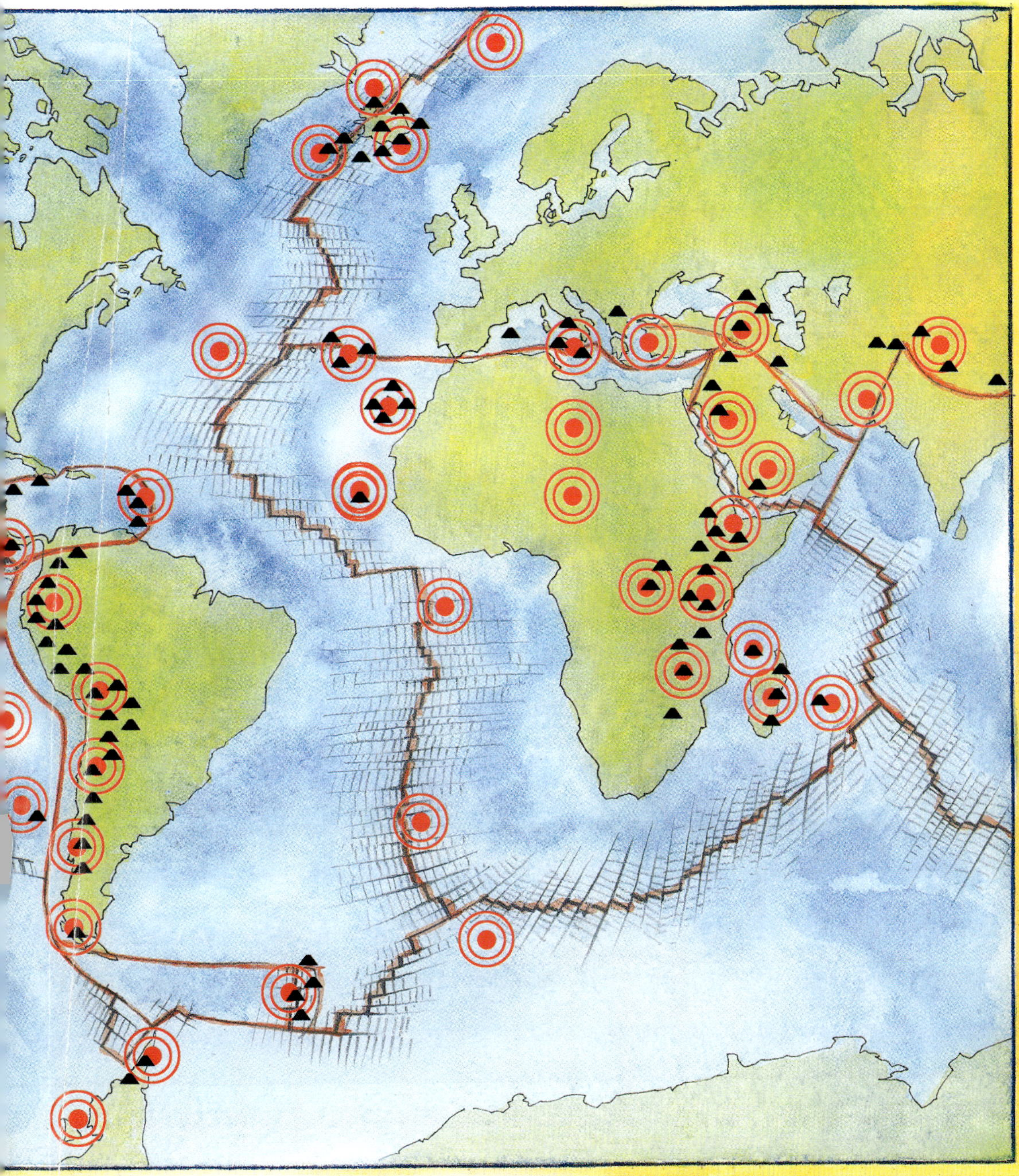

Aktive, schlafende und tote Vulkane

Neuseeland liegt tatsächlich am anderen Ende der Welt. Und auf Neuseeland gibt es auch Vulkane. Aber nicht nur auf Neuseeland. Auch in Europa gibt es welche. Und in Südamerika und Nordamerika.
Es gibt kleine Vulkane und große. Der Mauna Loa auf Hawaii zum Beispiel ist einer der größten Vulkane der Welt. Außerdem ist er auch sehr hoch, über 4 000 Meter.

Es gibt tätige oder aktive Vulkane, die immer wieder Rauch, Asche und Gesteinsbrocken ausspucken. Und es gibt ruhende oder schlafende Vulkane, in deren Innerem es kocht und brodelt. Und von denen kein Mensch weiß, ob und wann sie wieder ausbrechen werden. Außerdem gibt es erloschene, so genannte tote Vulkane, die schon vor tausenden von Jahren aufgehört haben zu brodeln und zu spucken. In Deutschland zum Beispiel kann man solche toten Vulkane in der Eifel sehen. Die ursprünglich hohen, kegelförmigen Berge sind durch Wind und Regen zu runden Hügeln abgeschliffen worden. Und in den früher glutheißen Kratern hat sich Regenwasser gesammelt und große und kleine Seen gebildet. Die nennt man Maare.

Vor diesen toten Vulkanen braucht niemand mehr Angst zu haben. Aber die vielen aktiven und auch die schlafenden Vulkane können für Pflanzen, Tiere und Menschen sehr gefährlich werden.

Einmal im Monat nämlich, manchmal sogar öfter, wird irgendwo auf der Welt ein Vulkanausbruch registriert. Allerdings sind die meisten Ausbrüche völlig harmlos. Aber wenn ein Vulkan Rauch und Dampf ausstößt, wenn er Asche und Gesteinsbrocken regnen lässt und heißer Schlamm aus seinem Inneren quillt, dann bedeutet das eine große Gefahr für die Menschen, die in seiner Umgebung wohnen.

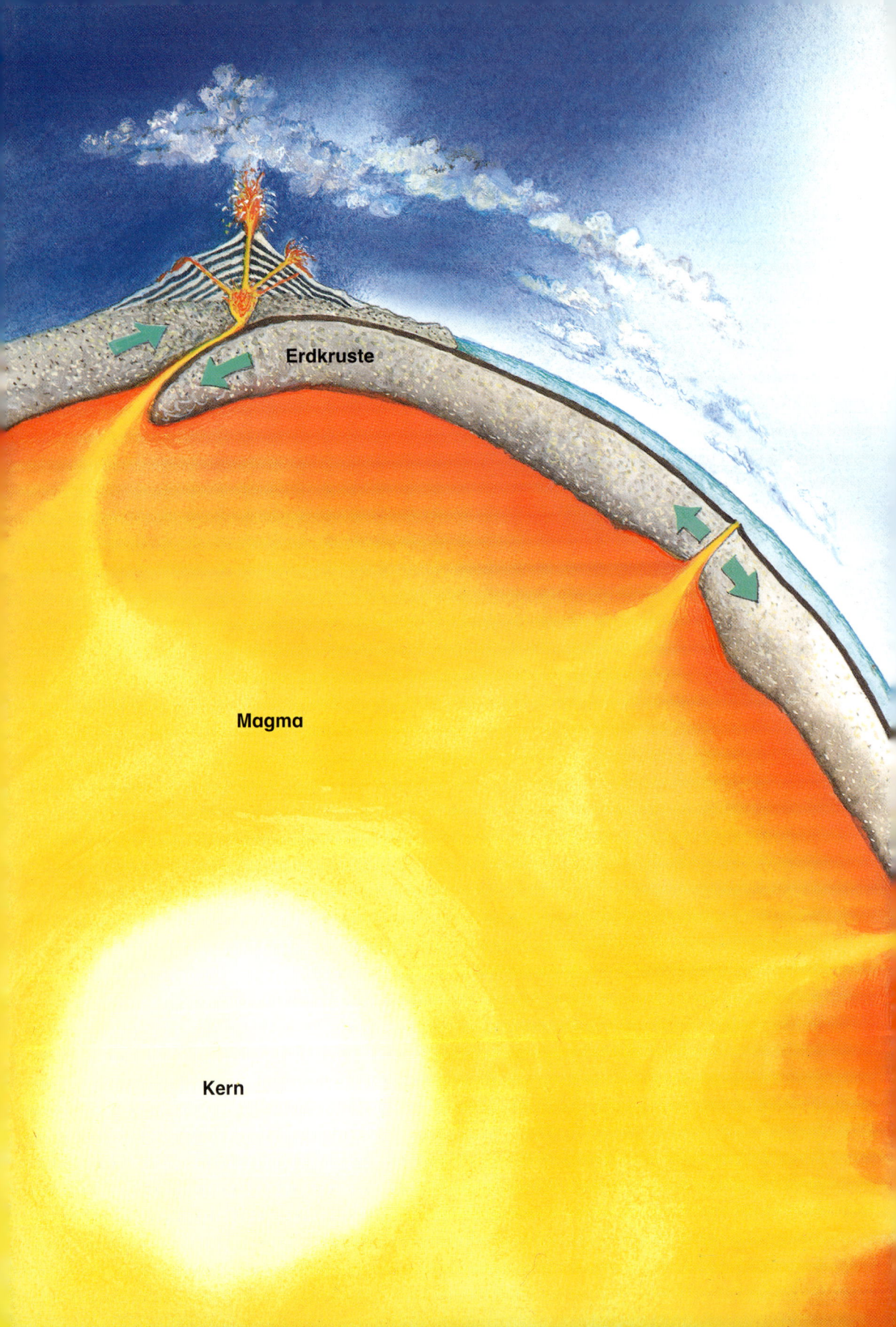

Erdkruste

Magma

Kern

Reise zum Mittelpunkt der Erde

Bei einem Vulkanausbruch werden die gewaltigen Kräfte sichtbar, die im Inneren unserer Erde herrschen.

Unser Planet hat einen schalenartigen Aufbau. Ganz im Inneren befindet sich ein Kern aus Metall, der 6 000 Grad Celsius heiß ist! Nur damit du dir vorstellen kannst, wie heiß das ist: Wasser beginnt schon bei 100 Grad Celsius zu kochen und das Metall, aus dem die Glühfäden in unseren Lampen sind, schmilzt bei ungefähr 3 300 Grad Celsius!

Um diesen Kern herum liegt eine Schicht, die ungefähr 3 000 Kilometer dick ist und aus heißem, flüssigem Gestein besteht. Das ist das Magma. Ganz außen ist dann die feste Erdkruste. Sie reicht nicht mehr als 100 Kilometer in die Tiefe. Das glühend heiße Magma, das der Vulkan ausströmen lässt oder mit gewaltigen Fontänen in die Höhe schießt, stammt aus der Schicht direkt unter der Erdkruste.

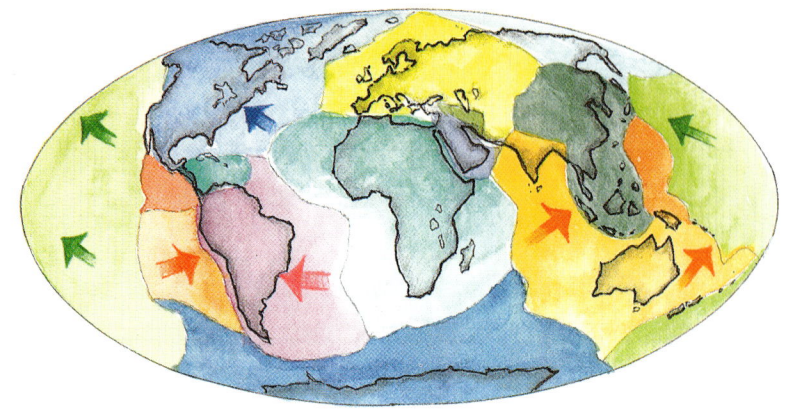

Die Erdkruste setzt sich aus Platten zusammen,
auf denen auch unsere Kontinente liegen.
Diese Platten schwimmen auf dem heißen,
zähflüssigen Magma und passen wie ein
Puzzle zusammen. Und genau an den
Rändern, wo die Erdplatten-Puzzleteile
zusammenstoßen oder sich voneinander
wegbewegen, gibt es über 1500 aktive Vulkane
und unzählige Erdbebengebiete.
Die meisten Vulkane liegen übrigens auf dem
so genannten Feuerring. Der zieht sich am
Rand des Pazifiks über Neuseeland und die
Philippinen weiter bis Japan und dann von
Alaska und an der Westküste Nord-, Mittel- und
Südamerikas entlang bis nach
Feuerland, dem südlichsten Zipfel
von Argentinien.

Im Inneren eines Vulkans

Die meisten Leute glauben, dass Vulkane immer hoch aufragende, kegelförmige Berge wären, die so aussehen wie der Fudschijama in Japan. Der ist übrigens tatsächlich ein Vulkan. Aber nicht alle Vulkane sind Berge und vor allem sind natürlich nicht alle Berge Vulkane. Vulkane nennt man alle Stellen auf der Erde, an denen das Magma an die Erdoberfläche dringt. Und deshalb gibt es auch viele verschiedene Vulkanformen.

Wo sich zum Beispiel die Erdplatten auseinander bewegen, entsteht eine Spalte oder ein Graben. Hier kann das Magma leicht aus dem Erdinneren austreten. Solche Vulkane nennt man Spaltenvulkane. Schichtvulkane dagegen entstehen dort, wo sich die Platten übereinander schieben.

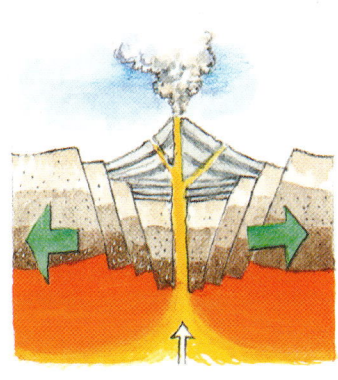

Spaltenvulkan

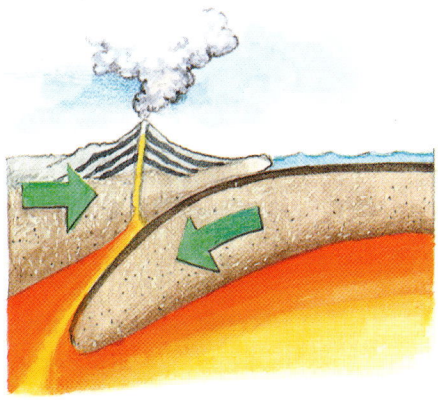

Schichtvulkan

Das Magma wird durch einen Schlot wie bei einem Kamin oder einem Ofenrohr nach oben gepresst. Wenn es dann an die Erdoberfläche kommt und langsam erkaltet, nennt man es Lava. Ein Vulkan „wächst" dadurch, dass sich Lava und Asche an seinen Berghängen ablagern. Der Vulkankegel wird also höher und höher. Oben an der Öffnung des Schlots aber bildet der Vulkan einen Krater.

Es gibt übrigens die schwarze, harte Lava und es gibt Lavagestein, das ganz leicht ist und sogar schwimmt – den „Bimsstein". Das Gestein, das ein Vulkan ausspuckt, nennt man Lapilli, das heißt „Steinchen" – auch wenn die Brocken manchmal so groß sind wie ein ganzes Haus! Oft gibt es schwarze Sandstrände, die bestehen gar nicht aus Sand, sondern aus ganz fein gemahlener Lava.

Vulkane sind unberechenbar. Nicht nur dass schlafende Vulkane plötzlich wieder aktiv werden können. Mitten auf den Berghängen aktiver Vulkane können neue Schlote aufbrechen.

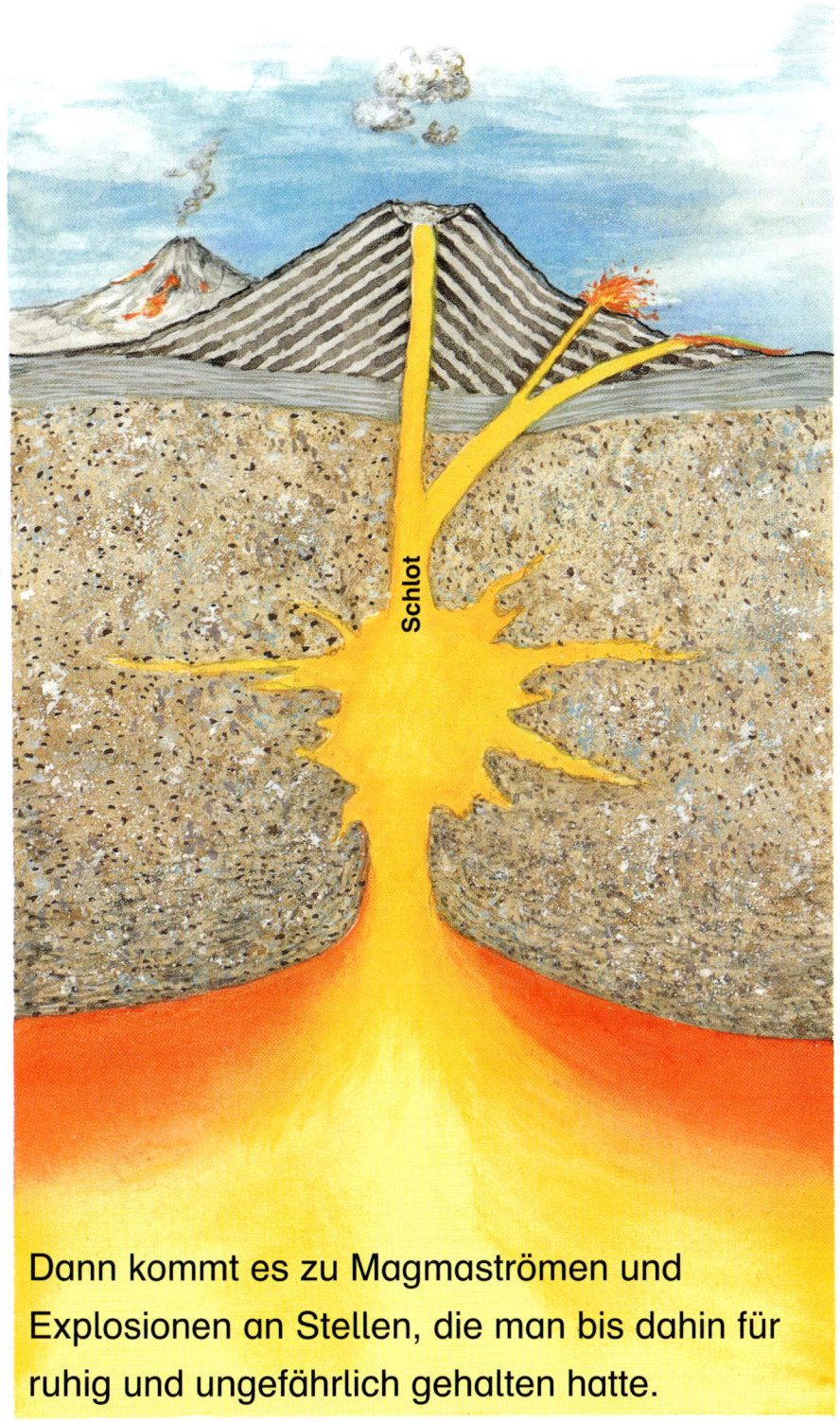

Schlot

Dann kommt es zu Magmaströmen und Explosionen an Stellen, die man bis dahin für ruhig und ungefährlich gehalten hatte.

In Vulkangebieten gibt es aber noch viele andere Besonderheiten. Wenn das heiße Gestein das Wasser in der Erde aufheizt, schießen Fontänen aus heißem Wasser und Wasserdampf in die Höhe, die Geysire. Schießt Wasserdampf aus den Erdspalten, nennt msn diese Fontainen Fumarole.

Die Gase, die durch Erdspalten nach außen dringen, stinken fürchterlich nach verfaulten Eiern und sind giftig! Und in Kraterseen können diese Gase das Wasser sogar in Säure verwandeln – dann darf man noch nicht mal mit der Hand ins Wasser kommen!

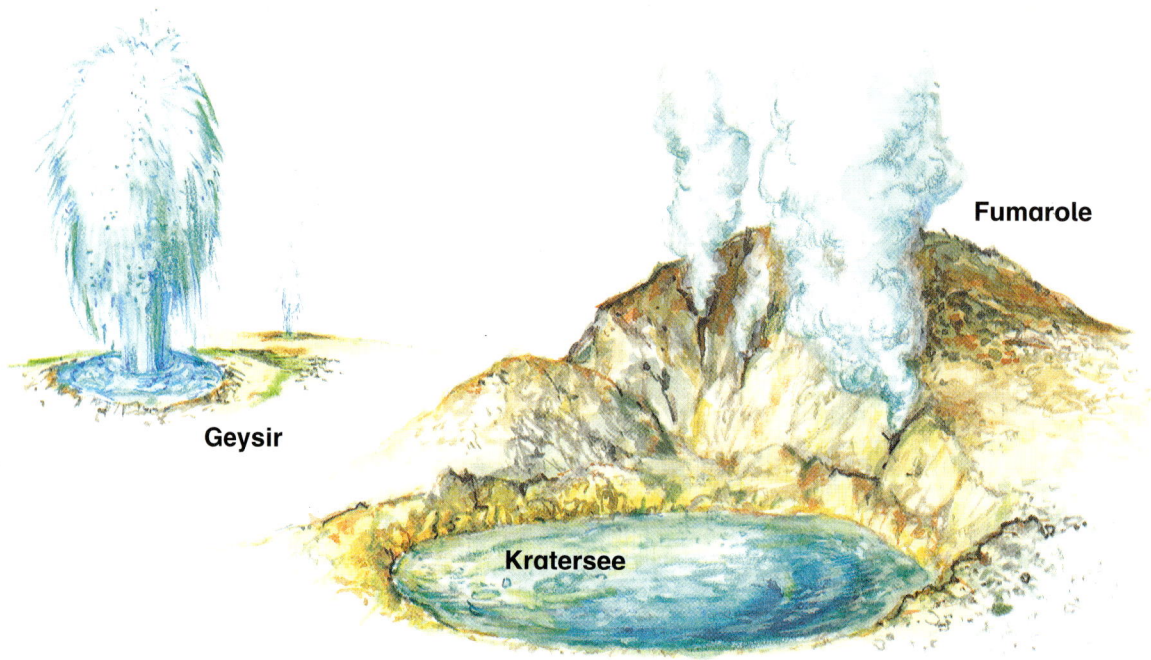

Geysir

Fumarole

Kratersee

Ein Vulkan bricht aus

Einen Vulkanausbruch nennt man Eruption.
Oft spuckt der Vulkan schon Tage vorher dicke
Qualmwolken aus, in seinem Inneren grummelt
es und kleinere Lavaströme fließen aus dem
Krater.

Die verheerendsten Vulkanausbrüche aber
passieren fast immer ohne Vorwarnung und
nach Jahrzehnten oder sogar Jahrhunderten
völliger Ruhe.

Der Mount St. Helens im Nordwesten der USA schlief 123 Jahre, bevor er 1980 mit einer gewaltigen Explosion erwachte. Bei dieser Eruption wurde die Spitze des Berges wie ein Sektkorken abgesprengt.

Als der Pinatubo 1991 auf den Philippinen ausbrach, hatte er 600 Jahre geschlafen! Aber dann schleuderte er plötzlich große Aschewolken in die Luft, so dass die Sonne tagelang verdeckt war. Am schlimmsten aber waren die Regenfälle, die der Ausbruch

auslöste. Schlammlawinen machten 400 000
Menschen obdachlos. Über 400 Menschen
starben beim Ausbruch des Pinatubo!
Noch viel katastrophalere Folgen hatte allerdings
der Ausbruch des Krakataus 1883 mitten im
Pazifischen Ozean. Ascheteilchen wurden hoch
in die Luft geschleudert und vom Wind um die
ganze Erde getragen. Durch die Eruption
entstand eine 40 Meter hohe Flutwelle, die über
die Küsten von Java und Sumatra hereinbrach
und 36 000 Menschenleben forderte.

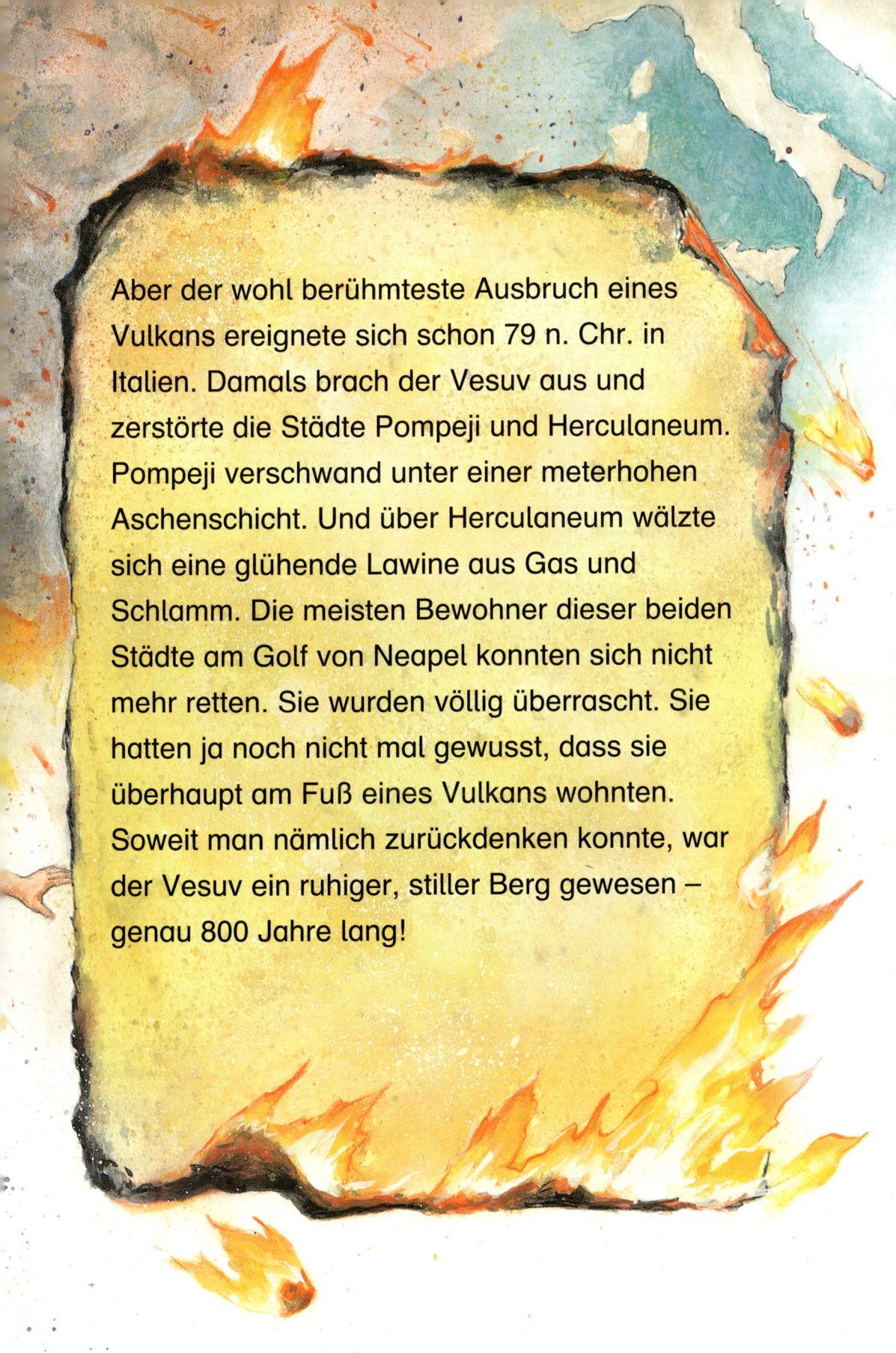

Aber der wohl berühmteste Ausbruch eines Vulkans ereignete sich schon 79 n. Chr. in Italien. Damals brach der Vesuv aus und zerstörte die Städte Pompeji und Herculaneum. Pompeji verschwand unter einer meterhohen Aschenschicht. Und über Herculaneum wälzte sich eine glühende Lawine aus Gas und Schlamm. Die meisten Bewohner dieser beiden Städte am Golf von Neapel konnten sich nicht mehr retten. Sie wurden völlig überrascht. Sie hatten ja noch nicht mal gewusst, dass sie überhaupt am Fuß eines Vulkans wohnten. Soweit man nämlich zurückdenken konnte, war der Vesuv ein ruhiger, stiller Berg gewesen – genau 800 Jahre lang!

Vulkane sind auch nützlich

Vulkanausbrüche haben furchtbare Folgen.
Häufig machen sich die Menschen aber die
Auswirkungen solcher Ausbrüche zu Nutze.
Geysire, heiße Quellen und Schlammsprudel
gibt es in Japan, Neuseeland, Island, Italien
und in den USA. In vielen Kurorten baden die
Menschen in den heißen Quellen und
Schlammbädern, die Rheuma und andere
Krankheiten heilen oder zumindest lindern
können.

 Island

In Island heizt man mit dem Wasser aus den heißen Quellen die Häuser. Wasserdampf dient in vielen Vulkangebieten der Erzeugung von Elektrizität.

Der aus vulkanischen Dämpfen entstandene Schwefel wird von der Industrie verwertet, zum Beispiel bei der Herstellung von Gummi.

In der Nähe erloschener Vulkane findet man Kristalle und Edelsteine. Und die Asche aus Vulkanen düngt den Boden und sorgt für bessere Ernten.

Bei Lavaströmen dauert es allerdings sehr lange, bis aus der Gesteinsschicht wieder fruchtbarer Ackerboden wird. Dieser aber enthält dann besonders viele Nährstoffe. Aus diesem Grund siedeln sich immer wieder Menschen um Vulkane herum an.

Wenn die Erde bebt

Dort, wo viele Vulkane sind, eben an den
Rändern der Erdplatten, kommt es häufig zu
Erdbeben. Jedes Jahr finden auf der Erde etwa
zwei Millionen Beben statt, das sind zwei
Erdbeben pro Minute. Die meisten sind so
schwach, dass wir von ihnen gar nichts merken.
Überall auf der Welt aber zeichnen besondere
Geräte die geringsten Erschütterungen auf.
Diese Geräte heißen Seismografen.

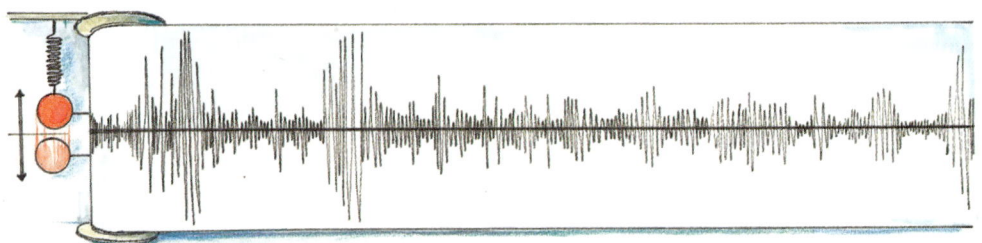

Anhand von Seismogrammen erkennt man die
Stärke eines Bebens, es wird auf einer Skala
von 0 bis 9 eingestuft. Das ist die Richter-
Skala, benannt nach dem amerikanischen
Wissenschaftler Charles F. Richter.
Ein Beben der Stärke 2 wird kaum
wahrgenommen. Da klappert nur ganz leicht

das Geschirr im Schrank. Ab Stärke 7
aber kommt es schon zu erheblichen
Zerstörungen.

Häuser stürzen ein, Straßen brechen auf,
Gas- und Wasserleitungen platzen…
Kleinere Beben können auch durch
Vulkanausbrüche ausgelöst werden.
Größere Beben entstehen, wenn sich
die Kontinentalplatten ruckartig
gegeneinander bewegen.

In Japan,
China und Indien
kommen die schlimmsten Erdbeben vor. Auch
das östliche Mittelmeer, von Norditalien bis zur
Türkei, gehört zu einem Erdbebengebiet ebenso
wie die Westküsten von Nord-, Mittel- und
Südamerika, Indonesien und den Philippinen.

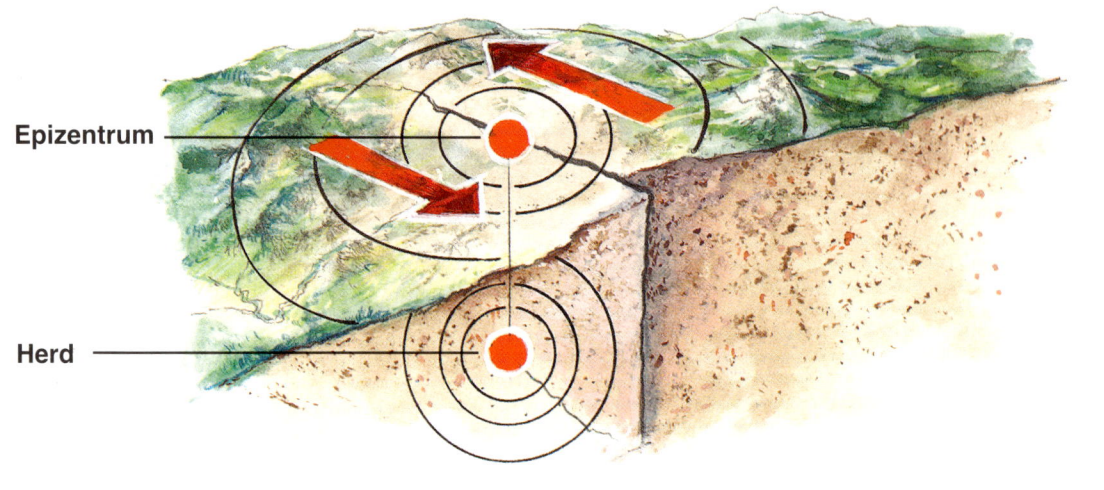

Epizentrum

Herd

Der Ursprung eines Bebens, ~~sein Herd~~, liegt ~~meistens~~ viele Kilometer tief in der Erde. man nennt es den Her[d]

Den Ort an der Erdoberfläche, der über dem Herd liegt, nennt man Epizentrum. Hier wirken sich die Erschütterungen am stärksten aus. Und von hier aus pflanzt sich das Beben in kreisförmigen Wellen fort und kann so um die ganze Erde wandern.

Meistens bebt die Erde nur für Sekunden. Das genügt aber schon, um Häuser einstürzen zu

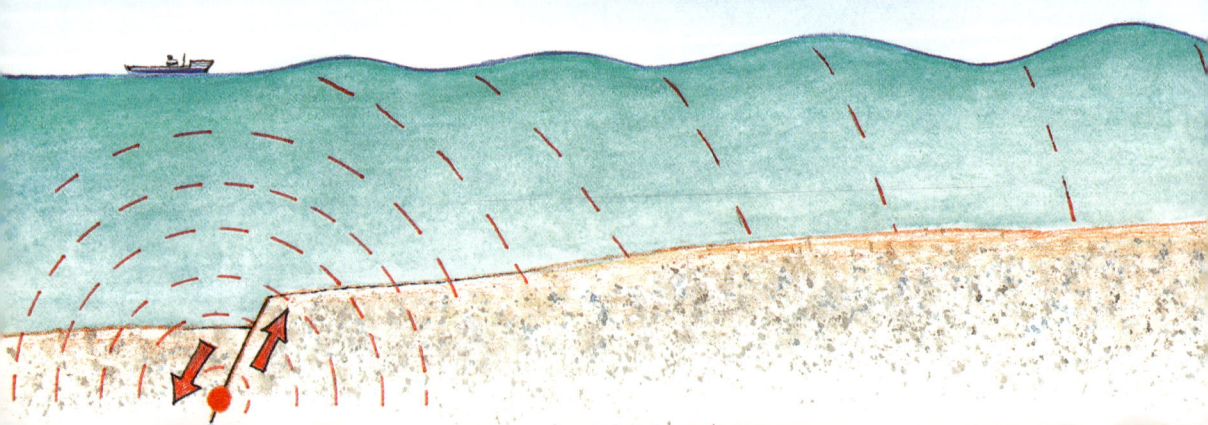

lassen, tiefe Spalten in die Erde zu reißen, Erdrutsche, Schnee- und Steinlawinen auszulösen.

Oft sind es aber nicht die Erdbeben, die die größten Verwüstungen anrichten.

Feuersbrünste wüten wie 1755 in Lissabon, 1906 in San Francisco und 1923 in Tokio. Schneelawinen können ausgelöst werden oder große Flutwellen zerstören die Küsten. Dabei werden oft mehr Menschen getötet als durch das Erdbeben selbst. „Tsunamis" sind riesengroße Flutwellen. Sie wandern weit über das Meer, wobei die Welle sogar noch wächst, bis sie schließlich als tosendes Ungetüm von der Höhe eines Mehrfamilienhauses die Küste erreicht!

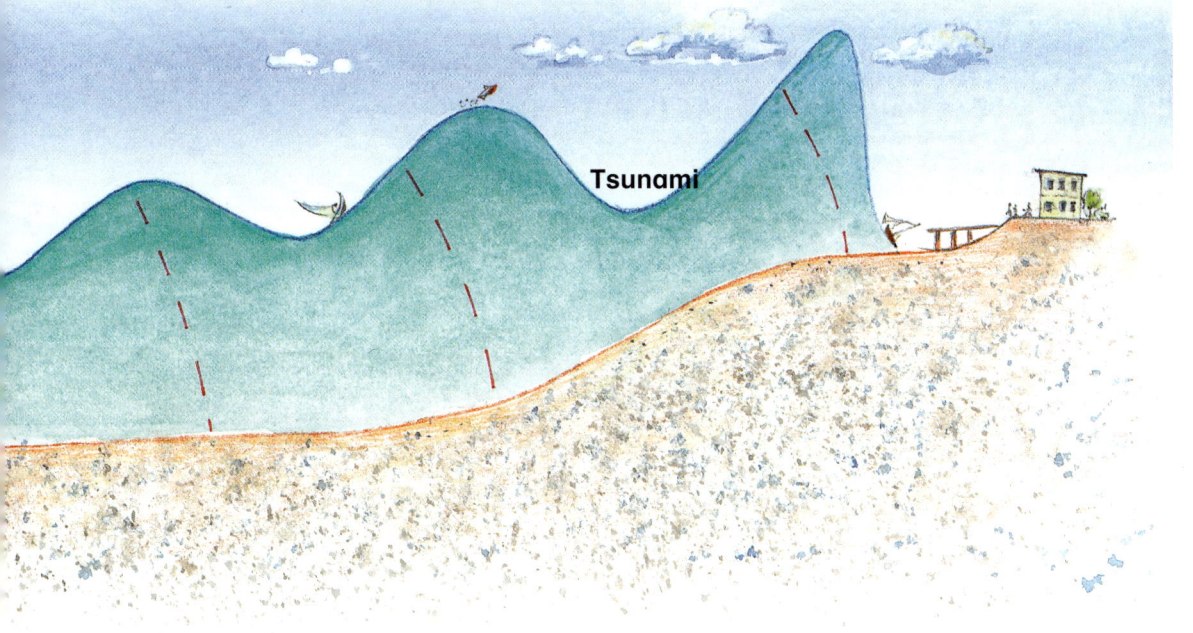

Tsunami

Rettung und Schutz

Immer wieder wird unsere Erde von gewaltigen Naturkatastrophen heimgesucht, die die Menschen in Angst und Schrecken versetzen.

Deshalb sind Messstationen wichtig, vor allem dort, wo es häufig zu Vulkanausbrüchen oder Erdbeben kommt. Vulkane werden heute auf der ganzen Welt beobachtet, untersucht und überwacht. Das ist die Aufgabe der Vulkanologen. Sie messen Temperaturen, analysieren Lava und anderes Gestein. Sie machen sich Notizen und Skizzen bei Vulkanausbrüchen.

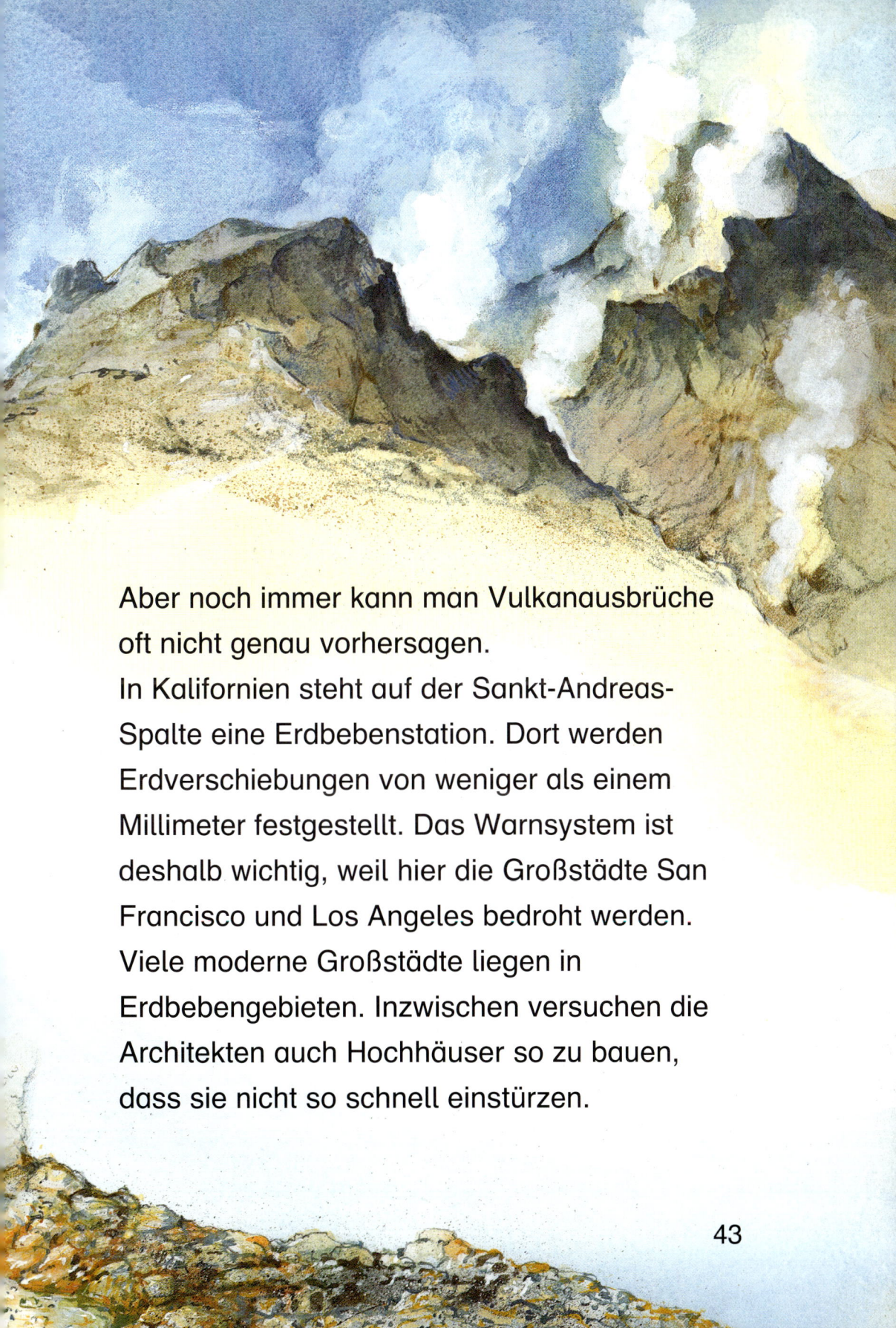

Aber noch immer kann man Vulkanausbrüche oft nicht genau vorhersagen.

In Kalifornien steht auf der Sankt-Andreas-Spalte eine Erdbebenstation. Dort werden Erdverschiebungen von weniger als einem Millimeter festgestellt. Das Warnsystem ist deshalb wichtig, weil hier die Großstädte San Francisco und Los Angeles bedroht werden. Viele moderne Großstädte liegen in Erdbebengebieten. Inzwischen versuchen die Architekten auch Hochhäuser so zu bauen, dass sie nicht so schnell einstürzen.

Außerdem gibt es in Kalifornien und Japan Erdbeben- und Katastrophenübungen, auch für Schulkinder.

Bei Naturkatastrophen helfen sich die Länder gegenseitig. Besonders wichtig ist es dabei, möglichst schnell vor Ort zu sein.

Mit modernen Suchgeräten wie Geräuschdetektoren und Infrarotkameras suchen Rettungsteams nach Überlebenden unter den Trümmern. Hubschrauber werden bei Schlammlawinen oder in Überschwemmungsgebieten eingesetzt.

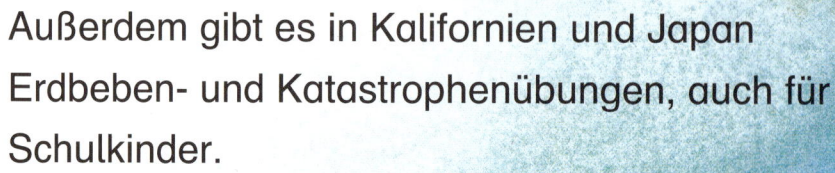

Suchhunde sind unentbehrlich beim Bergen von Verschütteten. Die Feuerwehr soll Brände und Feuersbrünste verhindern. Oft riskieren die Retter bei diesen Einsätzen ihr eigenes Leben.

Beschädigte Häuser können über ihnen einstürzen. Gebrochene Gas- und Stromleitungen können explodieren oder brennen. Gefährlich können auch die Nachbeben sein oder durch Regen ausgelöste Schlamm- und Aschenlawinen.

Wer aber ohne Gefahr einen Vulkan, einen Geysir, heiße Quellen oder Schlammsprudel sehen möchte, kann zum Beispiel nach Neuseeland in den Tongariro-Nationalpark fahren. Oder in den Yellowstone-Nationalpark in den USA, den Pinacate-Nationalpark von Sonora in Mexiko, den Volconoes-Nationalpark auf Hawaii oder den Abo-Kuju-Nationalpark in Japan.

Natürlich kann man sich auch den Vesuv bei Neapel oder den Ätna auf Sizilien ansehen. Beides sind Vulkane, die immer noch aktiv sind. Sehr viel Wissenswertes erfährt man in „Vulcania", einem neuen europäischen Informationspark, der ab Juni 2001 in Frankreich in der Nähe der Stadt Clermont-Ferrand für Besucher geöffnet sein wird.

Glossar:

Epizentrum: Ort auf der Erdoberfläche über einem Erdbebenherd

Erdbebenherd: Ursprungsort eines Erdbebens im Erdinnern

Erdkern: der im Mittelpunkt der Erde liegende Teil aus 6 000 Grad Celsius heißen Metallen

Erdkruste: feste, aus Platten bestehende Gesteinshülle der Erde

Erdplatte: Teil der Gesteinshülle der Erde

Eruption: explosionsartiger Vulkanausbruch

Feuerring: vulkanreiches und erdbeben-gefährdetes Gebiet rund um den Pazifik

Geräuschdetektor: Gerät, das zum Auffinden von Verschütteten und Erdbebenopfern benutzt wird und die leisesten Geräusche und Bewegungen aufzeichnet

Geysir oder Fumarole: Fontäne aus heißem Wasser und Wasserdampf

Infrarotkamera: Gerät, das die

Wärme wahrnimmt, die ein lebender Körper ausstrahlt, auch unter meterhohen Trümmern

Krakatau: indonesische Insel im Pazifik, die 1863 durch einen gewaltigen Vulkanausbruch zerstört wurde

Krater: trichterähnliche Öffnung, aus dem Aschefontänen und Lavaströme austreten

Lapilli: alle Arten von Lava„steinchen", kleine wie große

Lava: aus dem Erdinneren austretendes Magma, das langsam erkaltet

Maar: eingestürzter Krater eines toten Vulkans, in dem sich Regenwasser gesammelt hat

Magma: heißes, flüssiges Gestein im Erdinneren

Schichtvulkan: entsteht durch sich übereinander schiebende Erdplatten und Magma, das in Schloten aufsteigt und in Schichten von Lava erkaltet

Schlammsprudel: mit Erde vermischtes, heißes Wasser aus dem Erdinneren

Schlot: enge Öffnung, durch die das Magma nach oben gepresst wird

Seismogramm: Aufzeichnung eines Erdbebens durch einen Seismografen

Seismograf: Gerät, das die Stärke eines Erdbebens aufzeichnet

Spaltenvulkan: entsteht durch auseinander driftende Erdplatten und Magma, das aus dem Erdinnern aufsteigt

Surtsey: Insel vor Island, die 1963 durch einen Vulkanausbruch entstand

Tsunami: durch ein meist unterseeisches Beben ausgelöste Flutwelle

Vulkankegel: Spitze eines Vulkans, die sich aus Asche und Lavaströmen aufbaut

Vulkanologe: Wissenschaftler, der Vulkane beobachtet, untersucht und überwacht